SOLES DE MEDIANOCHE

Mónica Doña

SOLES
DE
MEDIANOCHE

RENACIMIENTO
PREMIO INTERNACIONAL DE POESÍA
GONZALO DE BERCEO
CALLE DEL AIRE

Un jurado compuesto por Amalia Bautista, Juan Bonilla, Enrique Cabezón García, José Luis García Martín y María José Marrodán Gironés declaró ganadora del I Primer Premio Internacional de Poesía Gonzalo de Berceo, convocado por la Fundación San Millán de la Cogolla, la obra *Soles de medianoche*, de Mónica Doña.

www.editorialrenacimiento.com
BUGANVILLA, I • 41907 VALENCINA DE LA CONCEPCIÓN (SEVILLA)
tel.: (+34) 955998232 • editorial@editorialrenacimiento.com

Diseño de cubierta: Equipo Renacimiento

DEPÓSITO LEGAL: SE 1671-2025 • ISBN: 979-13-87939-08-3
Impreso en España • Printed in Spain

I. HUMANO Y FEROZ

Ahora, junto a mí, llegó esa brutalidad que no conoce la paz y me llevó paso a paso de regreso al lugar donde el Sol calla.

DANTE ALIGHIERI

CRÁNEO 17

Leí que en Atapuerca
hay un cráneo con signos de violencia.
Dos impactos iguales en el hueso frontal
dieron lugar a sendos agujeros
que causaron la muerte.

Los investigadores y sus pruebas
otorgaron permiso a los diarios
para dar la noticia del hallazgo
que el titular nombró como siniestro:

PRIMER ASESINATO DE LA HISTORIA

El cráneo 17 fue la víctima
de un turbio enfrentamiento cara a cara
—deducen los forenses.

He mirado la cuenca profunda de sus ojos
y la ausente mandíbula parece interpelarnos:
¿Qué hacéis aquí vosotros? Traéis olor a muerte.
Salid a que os dé el aire de este lugar que tiene
aromas de tomillo y brisa de encinares.

MAMÁ OSA

TE conocí en el zoo.
Estabas recostada sobre un tronco
abstraída o durmiente, no lo sé,
pero recuerdo bien que me gustaste.
Tus hijitos jugaban entre ellos.
Parecías feliz mientras que yo,
con mi hija cogida de la mano,
era la desdichada.
Pensé por un momento
que sería mejor ser mamá osa
para comer, jugar, dormir tranquila
y no hacer nada más.
Claro que siempre es fácil
pensar y equivocarse
estando al otro lado de la jaula.

DECLARACIÓN DE LA ARAÑA

No necesito flechas para ser
más exacta que la tenaz Diana.
Mi estirpe no es de dioses ni de hombres.
Mi ser es estar sola con mi baba.
Si sigo aquí será que sobran bichos
y mi oficio es cazar tejiendo redes
que muchos admiráis.
No presumo de nada, mi don es natural.

¿A qué venís, humanos, es que habéis roto el hilo?

INDÍGENAS

UNA amiga antropóloga me acerca
a esas comunidades pequeñitas
que salpican el mundo y que dan mucho juego
en los documentales.
Sabemos que las hay hospitalarias
y se alegran de vernos.
Pero otras son hostiles, muy hostiles,
que afilan bien sus flechas y disparan
si huelen al extraño.
Me habla muy bajito de una tribu caníbal
que celebra la vida comiendo carne humana
para tener contentos a sus dioses.

Escucho este relato y me emociono.
Hasta me reconozco en esos seres
que comparten mi tiempo y respiran mi aire.

Pero me echo a temblar cuando me cuenta
lo del poblado indígena
que nunca ha conocido la mentira.
No puede ser –protesto–, no te creo,
sería incompatible
con toda especie humana.

REPÚBLICA DE LAS RANAS

El príncipe rana
HERMANOS GRIMM

No quieren saber nada
de príncipes ni besos.
No les gusta ese cuento
y solamente piden
que no les falte el agua de la charca.

SACRIFICIO

En medio de los campos
el sol suelta las reses.
Parecen minotauros
pero son reses bravas
que miran agriamente
mientras mastican hierba.

En medio de este campo,
un jinete de sangre
—domador implacable—
surge de la maleza
y galopa hacia mí garrocha en alto.

Las reses se han dormido en su memoria blanca.

Yo me voy desangrando,
pierdo el conocimiento
y un minotauro lame la honda herida.

En medio de los campos,
el consuelo de aquel salvaje mito.

GOLONDRINAS 2020

TRAS su invierno africano,
sobrevolando mares y desiertos,
las *oscuras* volvían cada año
a sus nidos de Europa.
Su vuelo en nuestro cielo
era vibrante danza,
una coreografía entrecruzada
de alas negras y ágiles
en el radiante azul.

No he visto a las *oscuras* este año.
¿Habrán cambiado el rumbo?

Desde el balcón urbano que hoy habito,
oigo un rumor difuso y pienso en ellas,
su ausencia pone noche a la mañana.

Avanza el mes de mayo
y ni un alma en el aire ni en las calles.
Regreso a mi cubil. Lo siento, *Bécquer.*

Nos han dejado solos.
A excepción de la mantis
que reza mientras muerde,
la repugnante hiena infanticida,
la hormiga militar o algún caso *in extremis*
como esos chimpancés desesperados
a quienes les quitamos su humilde territorio;
ninguna especie mata a sus iguales.
Tan sólo a los humanos
nos asiste el terrible privilegio.

Qué inmensa soledad nos atraviesa,
qué odio más feroz y más extenso,
qué pánico nos arma hasta los dientes,
qué abismos inventados nos sublevan
para querer ser dioses inmortales.

Nos han dejado solos
con un dios insaciable
que nos pide monedas a cambio de licencias
para poder matarnos los unos a los otros.

¿QUIÉN DOMESTICA A QUIÉN?

NADIE ejerció violencia.
Tal vez por soledad, tal vez por hambre;
los perros se acercaron
a los asentamientos de los hombres.

Es la supervivencia quien hermana
y reparte trabajos necesarios
según la habilidad de cada cual.

Demasiadas tareas para una sola especie:
dormir, comer, parir, estar alerta,
correr, buscar refugio, hollar el suelo,
jugar, mirar el cielo, aparearse.
Cazar, sembrar semillas, dar salida
a deseos y angustias
pintando las paredes
en el sagrado fondo de las cuevas.

Lo consiguieron, sí, ya lo sabemos.
¿Lo habrían conseguido sin los otros,
aquellos guardianes?

¿Quién necesita a quién?
                A día de hoy,
pregunten en la tienda de mascotas.

ESTÁ triste.
Hay un banco de peces amarillos
dentro de sus ideas.

Está sola.
Hay un tigre que araña sus entrañas
rayadas por la sombra.

Está loca.
Hay un ave rapaz entre sus piernas
que no conoce el miedo.

Está inquieta.
Hay un búho clavándole los ojos
que sabe demasiado.

Está muerta.
Y volverá a morir hasta que alcance
el río de mi vida.

NO LE REGALES FLORES

Lo bello no es sino el comienzo de lo terrible.
RAINER MARÍA RILKE

No le regales flores.
Hiere tanto esplendor
en esa casa enferma de tristeza.
No hacen juego con nada
el clavel, las camelias,
la extrañísima flor del paraíso.

Ella hubiese querido conocerlas
cada una en su tallo
y en el lugar en donde libres crecen.
Mas ya no tiene ganas de salir de la casa,
prefiere colocarse un delantal
que le sirve de escudo.

Vino de ningún sitio y sigue en ningún sitio.

No le traigas más flores
por vuestro aniversario.
Ella ahora es lo mismo que un animal doméstico
dócil y temeroso
que sólo alcanza a ver la oscura zarpa
de quien le acerca un ramo de belleza.

II. LO INVISIBLE

Un no sé qué que quedan balbuciendo.
SAN JUAN DE LA CRUZ

Y HABLÓ LA ROSA

MI tiempo es corto, sí
pero mi ritmo es lento.
Demorada en capullo me miráis
y parece que os gusto.
Mas carecéis de ojos para ver
cómo pétalo a pétalo me abro,
pausada y cadenciosa.
Ese striptease final
es desnudo y vestido al mismo tiempo:
lo llamáis belleza.

Pero no confiéis demasiado.
Sabed que la belleza debe ser protegida.
Por eso tengo espinas al acecho.

AMNESIA

Con Monterroso y Philip K. Dick

CUANDO se despertó
no había dinosaurios
ni ovejitas eléctricas.
Todo el paisaje estaba congelado,
terriblemente blanco y cegador.
Un haz de extraños rayos
licuaba los carámbanos
creando gota a gota
una premonición:
las agujas del tiempo
se esfumarán lo mismo
que se esfuman los cuentos
cuando todo es olvido.

LATENTE MAL

No es puro el hielo azul.
Mas permitid que siga siendo hielo.
Detened esas lágrimas que vierte
o pronto serán vuestras.
Conservad en estado de belleza y latencia
todo el mal invisible que contiene.

GENES

MUCHO disgusto le causó a la Historia
el gran descubrimiento.
¿Se acuerdan de *Mengele*?
La Ciencia en malas manos es letal.
¿Se acuerdan de *Albert Einstein*?
El mal y el bien se explican sólo con esos nombres.
Un gen, algo invisible a simple vista,
se convierte en palabra coloquial.
Ya no se habla de sangre.
Ahora, en la gran selva del lenguaje,
todo es cuestión de genes.
Se han descubierto muchos y eso salva.
El problema es de manos,
de manos que acarician o manos que degüellan.

Loada sea la Ciencia que siempre busca más.

Adorno llegó tarde a la pregunta.
Puesto que el tema avanza, si algún día descubren
el obstinado gen de la poesía
¿en qué manos caerá?

DIBUJAR EL AIRE

La hija del soplador.
DAMIEN RICE

TIENES la cara blanca y gordinflona.
Los ojos muy pequeños y tu boca,
también pequeña, sopla, sopla, sopla
en espiral abierta.

Yo soy tu hija ¿sabes?
Lo dicen las leyendas
y las canciones que no mienten.

Lo dice aquella niña
que logró dibujarte.
Ella te hizo visible y tú a cambio
le soplaste al oído su canción.

La niña fue creciendo
con su canto naciente
que en espiral abierta
se fue multiplicando hasta ser *yo*.

EL ÁNGEL DEL INSTANTE

ENCUENTROS de verano
con los viejos amigos que se quieren,
conversan y agradecen
el fresco de las plazas
en las noches del sur.

Emociones, recuerdos,
mas de pronto un olvido familiar
provoca el gesto triste que antecede al silencio.

Será sólo un instante de mutismo.
Quizá un dolor antiguo
que nadie está dispuesto a convocar.

Pero siempre hay alguno
para decirnos: *Ha pasado un ángel*.
Y debe ser verdad porque notamos
el roce de algún ala de la infancia.

Seguimos conversando y damos gracias
a la ingenua visión que rompe los silencios.

Que no nos falte nunca la visita
del ángel del instante.

VIRUS

No consigo entender por qué los virus
son entes adaptables y yo no.
Me resfrío a menudo y no me quejo.
Cuando me da la tos miro a otro lado,
no quiero contagiarte.

Una vez me trajiste un papiloma
que se instaló en el cuello
de la matriz.
Debe vivir a gusto,
pero le tengo miedo.

Quizá un día los virus
alcanzarán a ser tan poderosos
que acaben con la especie.
La especie superior, la humana especie.

No será el fin del mundo.

CLÍMAX

ME resulta imposible
describir el instante.
Cuando no sé si estoy,
ni dónde, ni en qué brazos.
Desconozco si grito,
si vivo, si habré muerto,
si me voy deshaciendo,
si soy yo, si soy tú.
Sólo sé que ese instante
de no saber no importa.
Si he cerrado los ojos,
no hace falta más luz.

SÓLO SOMBRA

Pensamos y nombramos en un mundo,
sentimos y vivimos en otro.
MARCEL PROUST

¡ALTO o disparo!
La sombra alzó los brazos.
Hacía siglos que el hombre se ocultaba
detrás de una humareda oscura y densa
de pólvora y memoria.

CARTA A CUPIDO

(AMOR CIEGO)

PARA hablarte y a veces escribirte,
no tuve más remedio
que aprender el lenguaje de los ciegos.
Me costó varias vidas
y sólo he conseguido un balbuceo.

Pero los ciegos sienten quizá más.
¿A qué víscera acuden?
¿A qué nervio le piden el favor?
¿Qué notará su enfebrecido tacto
al palpar lo invisible?
¿Sus caricias valdrán más que las mías?

Cruza la calle el ciego, si tropieza,
¿le dará bastonazos a su perro?
¿Tan cara es la ternura
que no se la permiten ni los ricos?
¿Cuánto vale un orgasmo?
¿Cuánto un ramo de rosas para pedir perdón?

Ya ves, sólo preguntas.
Preguntas sin respuesta que van empobreciendo.
Yo estoy en la miseria de tanto preguntar.
Mas tengo un par de ojos incansables
que esquivando tus flechas,

tratan de comprender…
Pero tú, viejo loco, ciego mío,
llevas vendado demasiados siglos
y ya no puedes más.

La entera humanidad te compadezca.

LA MÚSICA

LA que *amansa las fieras*,
sin duda es lo mejor que poseemos.

No es necesario verla –ni posible.
Tampoco es importante
ser la fiera, mejor
dejarla bien dormida para siempre.
La música triunfa sobre el ruido
y toda la fealdad de lo que existe.
El único milagro a nuestro alcance
está ahí, cada día, cada noche.
Dedícale tu ser o lo que quede,
ella te donará cuanto te falte.
Quien necesite un dios ya lo ha encontrado:
su invisibilidad es su poder
sobre cualquier espacio y cualquier tiempo.

¿QUÉ ES LA MÍSTICA?

Yo no lo sé
y yo quiero saber.
¡Tú sí lo sabes, tonta!
—me dijo un frailecillo.
Pero se fue volando
y me sentí de pronto,
criatura entre criaturas, repitiendo
un no sé qué que quedan balbuciendo.

III. NOCTÁMBULA

Hay que dormirse arriba en la luz.
MARÍA ZAMBRANO

UNA TARDE, UN POEMA

Yo leía poemas
y tú siempre mostrabas
un claro aburrimiento.
Mas seguía leyendo aun a riesgo
de que me abandonaras.

Y no sé qué pasó.
No sé si fue la tarde cruzada por los pájaros,
si el latido del aire,
si aquella clara música del agua
deshaciendo palabras.

Sólo sé que de pronto enmudeciste
y te quedaste inmóvil;
y puede que algo triste, casi alegre,
y triste o casi alegre me abrazaste.

Se nos hizo de noche caminando
y eran ya nuestros pasos
una danza secreta y conmovida.

Yo no sé en realidad cuál fue el poema,
pero sí sé que fuiste
el cuerpo que se abrió
ante la voz desnuda de un poema.

Y eso es lo más hermoso que hasta ahora
puedo contar de ti.

NOCTÁMBULA

1

CAE la noche
–dicen–. Ella diría
que se levanta.

2

PASIÓN a oscuras.
Porque el tacto es la luz
de los amantes.

3

CIELO nocturno:
La primera intuición
del universo.

EVOCACIÓN

CÓMO no amar la noche y su silencio
si es el único tiempo que nos lleva
al ensimismamiento, preludio tantas veces
de alguna jubilosa evocación.
Hay cosas que avivamos y que hacemos
cuando estamos a solas con la noche
y se erizan los dedos de las manos
que recorren la piel adormecida.

Es suave mi piel cuando te evoco
y me crece el deseo de la tuya.
Muerdo mis labios si imagino
una boca jugosa entre las piernas
mojando el punto exacto que la busca.
Ese punto es el centro de mi vida
que se niega a esperar.

Nace un mundo invisible cuando nace
el sonoro estallido que me envuelve
y me lleva en volandas hacia mí.

VELA ENCENDIDA

UNA vela encendida no es el fuego.
Una vela encendida no es la luz.
Una vela encendida es esa compañía
que nos calma y protege
del miedo a la tiniebla.
Su pequeña llamita tiene forma
de lágrima caliente
que hipnotiza los ojos
con su dulce vaivén.
Una vela encendida nos ofrece
el tesoro en penumbra
que es nuestra intimidad.

LOS VENCIDOS I

(CASINOS)

SOY una ficha roja
debajo de un montón de fichas rojas.
Me soban, me desplazan, me marean.

(Mi abuelo fue croupier.
Mi pobre abuelo pobre que se murió muy joven).

Estoy en Montecarlo
pero estuve en Las Vegas tiempo atrás.
En la vetusta Europa
persiste el tintineo de las joyas
y el olor decadente del perfume francés.
Aunque se estén muriendo los viejos jugadores,
conmigo se distraen, sueltan algunas risas.
Lo suyo siempre fue reírse hasta el final.

(Mi abuelo lo sabía: estos van a matarme. Y así fue).

En Las Vegas la cosa era igual y distinta.
Nosotras, nuevas fichas que sonaban
como los inocentes sonajeros.
Pero nos maltrataban y qué asco
aquellas manos sucias, aquellas voces broncas,
y los modales torpes, y tanta luz hiriente.
Y yo, la ficha roja

debajo de un montón de fichas rojas,
me fui poniendo negra
como esos jugadores malolientes
que mataban su rabia con la otra,
la de los blancos-blancos.

(Menos mal que mi abuelo se murió.
Muy joven se murió mi pobre abuelo pobre).

He oído decir que me trasladan
y me están dando ganas de morirme.
Yo, la ficha más roja entre las fichas,
estoy harta de oír la voz del jefe,
siempre igual y distinta en cada idioma
para decir lo mismo:

porque soy el Camino, la Verdad y la Vida;
hagan juego, señores.

LOS VENCIDOS II

(GUERRA CIVIL)

No consiguió olvidar el otro abuelo.
Adormilado y viejo,
rara era la noche que no nos despertaba
diciendo a voz en grito: *¿Qué hora es?*
¿Ha amanecido ya? Oigo disparos.
Nos están fusilando contra los paredones.
Luego lloriqueaba, así nosotros
fuimos perdiendo el sueño justo al alba.

MUJER SIN HUELLA

SE ha perdido mil veces en páginas sublimes.
Todos hablan de ella,
es la protagonista de las grandes ficciones,
pero quién la conoce.
En qué libro o espejo apenas verse
si el eco trae nombres de *Annas* y de *Emmas*
arrojadas al tren o a letales venenos.

De tanto pasar página tiene las yemas muertas:
es la mujer sin huella.

Pero nunca se cansa.
Cada noche se sienta, enciende el flexo
y escribe, escribe, escribe.
Quiere contar verdades, pero las desconoce.

Amanece el papel sobre la mesa.
Hay palabras bonitas y tachones.
Sin apenas mirarlo,
lo tira como siempre a la basura.

Escribiendo de noche y rompiendo de día
consumirá su tiempo.
A no ser que descubra con un temblor distinto
que su verdad es una tachadura.

INFANCIA

A la niña le dio por trasnochar.
Quemaba el sol del día.
Los hombres eran piedras de ojos tristes.
No decían palabra sus bocas apretadas
de estatua carcomida.
Sólo a veces un ¡ay! poderoso,
un quejido coral
rompía los silencios y los muros.
La niña se negaba a vislumbrar
un pueblo, piedra a piedra, destruido.

Por eso trasnochaba.
Furtiva y asomada a un ventanuco
veía bien la calle hasta que al fin se oían
las voces y las carcajadas.
Las traían tres hombres verdaderos
que se tambaleaban entre risas.
Mataban la tristeza, ellos eran
los alegres borrachos de la noche.

GENTE NORMAL

EL día hurta el tiempo que nos dan al nacer.
Como antiguas argollas,
los relojes nos marcan las muñecas,
hay que llegar a punto a los destinos.
Los destinos impuestos:
producción, obediencia, rendimiento
y sin derecho a réplica.
El esfuerzo se premia con dinero.
Ese es el pacto y hay que agradecerlo
porque otros son peores.
Los días laborables no son nuestros,
lo nuestro sigue siendo el hambre y un refugio
para los sedentarios.

El sol sigue girando sobre todos,
aunque nadie lo mire. Ya sabemos
que perdió la partida ante el reloj
que con exactitud gobierna el tiempo.

Pero queda la noche y nuestro anhelo
de hacer algo más digna nuestra vida.
Aunque lo deseemos,
nunca llega el momento de ese sueño
largo tiempo aplazado.
Porque acaso nos urge rebelarnos,

dar gritos como el jefe,
ordenar rendimiento y obediencia.
Y bendecir la cena en solemne silencio.

IRSE

TIENE un largo pasado
cada vez más perdido
y ya ha dejado atrás cualquier futuro.
Su presente es amargo,
aunque intente ocultarlo tras los restos
de una antigua sonrisa.

(En este hogar de ancianos
está prohibido el nombre de la muerte).

Se ha sentado en un banco del jardín.
Hay sol poniente y brisa meciéndose en los árboles.
Empieza a oscurecer, cierra los ojos,
y en un acceso lúcido decide:
Será esta noche, sí.
Una noche perfecta para irse.

LA NOCHE Y EL ALBA

Yo no creo en la suerte,
pero esa noche
alguna buena estrella
descendió hasta mis ojos y los tuyos.
Sus afiladas puntas abrían las heridas,
la blanca pus bajaba por tu piel y la mía.
Yo no creo en la suerte,
pero la luz salvada, diluida en la sangre,
puso un diamante en cada cicatriz.
Éramos animales lamiéndonos con rabia
hasta caer dormidos en un charco de paz.
Al alba te marchaste
y acaricié el vacío.
Por mis dedos sin tacto
asomaba otra luz fría y desnuda.
No, no creo en la suerte,
porque temblaba al ver
el poder de tu lengua sobre mi helada palma:
se me habían borrado las líneas de la mano.

LUZ RESTANTE

Yo nací en el ocaso del poema
con la luz siempre a punto de extinguirse.
Mis ojos son oscuros pues se abrieron
y era todo penumbra.
Por eso cuanto escribo
tiene el color incierto de la duda.
Y debo ir con cuidado si no quiero
que mi último verso nazca muerto.

IV. SOLES DE MEDIANOCHE

A oscuras nace el sol.
BLANCA VARELA

LA MAMAN de *Bourgeois* tiene ocho patas
y un cestillo con huevos.
Es de bronce y de mármol,
pasea por el mundo,
nos deja atravesarla
como si fuese el arco del triunfo.

Y en realidad lo es.

La pequeña gran *Louise*
alzó su enorme araña
y se quedó tranquila,
libre al fin de tormentos maternales.

Mas lo mejor que hace
esa obra inquietante que admiramos,
es, sin ninguna duda,
limpiar de telarañas nuestros ojos.

DESMORIRSE

EL abuelo pasea con su nieto.
Lo agarra de la mano con la fuerza
que creía perdida para siempre.
Van ligeros, caminan
al ritmo inexplicable del pequeño.
El niño está contento y habla mucho.
El abuelo se ríe y ni se acuerda
de los años que lleva sin reírse.

La arboleda del parque los recibe
con las ramas abiertas.
Saben mucho esas ramas
del gran amor que crece bajo ellas.

DOBLE VIDA

El hombre ha creado la muerte.
WILLIAM BUTLER YEATS

CREEDME si hoy os digo que cuento con dos vidas
y a las dos necesito.
Hay una que convive con vosotros,
mis hermanos más fuertes.
Hay otra que comparto con los que ya no están.
Evidente y palpable es la primera.
La segunda, invisible.
No sé cuál vale más, solamente aprendí
que no debo mezclarlas.

Nacer, crecer, multiplicarse…
Ya cumplí esos mandatos que alguien firmó por mí.
Con dolor, alegría y una ciega obediencia,
culminé mi labor.
Luego vino el silencio del que nadie me habló,
los puntos suspensivos de ese dogma incompleto
y su trampa letal.

No tuve más remedio que inventar otra vida
cuando cayó el más tierno de los míos.
No se siente el vacío
pero te vuelve loca la traición.
No se acaba el lenguaje con la ausencia,
porque dentro te crece una inmensa mirada.

Las más justas palabras que jamás pronunciaste
nacen de un desafío
y un dolor inhumano que te obliga
a desvelar verdades y misterios
que únicamente alcanzo
cuando a solas converso con los que se me fueron
pero siguen conmigo.

Y no quiero morir.
Pues, si ahora cumpliese
la ley de los mortales
y mi primera vida terminara,
perdería las dos.

UNA IMAGEN

CUANDO era pequeña
y estrenaba vestido,
las madres sonreían y exclamaban:
¡Eres un sol!
                    Confieso
que lo había olvidado por completo.
Pero quiero creer que aquella imagen
del sur más luminoso habrá surgido
como un fin y un principio.

Si el tiempo retrocede en la memoria,
será que necesito volver a comenzar.
Jugar a ser de nuevo aquella niña
que supo hacer visible lo invisible
y dibujaba el aire.
Aunque esta vez el juego sea esbozar
lo que ya está perdido
y el ardiente recuerdo ha eternizado en mí
como sutil destello en la tiniebla,
como íntimo sol de medianoche.

ÍNDICE

III. NOCTÁMBULA

IV. SOLES DE MEDIANOCHE

SOLES DE MEDIANOCHE
DE MÓNICA DOÑA
SE TERMINÓ DE IMPRIMIR
EL 2 DE SEPTIEMBRE DE 2025